IK HOU ERVAN MIJN KAMER NETJES TE HOUDEN
I LOVE TO KEEP MY ROOM CLEAN

Shelley Admont
Geïllustreerd door Sonal Goyal en Sumit Sakhuja

www.kidkiddos.com
Copyright©2014 by S.A.Publishing ©2017 by KidKiddos Books Ltd.
support@kidkiddos.com

All rights reserved. No part of this book may be reproduced in any form or by any electronic or mechanical means, including information storage and retrieval systems, without written permission from the publisher or author, except in the case of a reviewer, who may quote brief passages embodied in critical articles or in a review.
First edition, 2016

Translated from English by Marcella Oleman
Vertaald uit het Engels door Marcella Oleman

Library and Archives Canada Cataloguing in Publication
I Love to Keep My Room Clean (Dutch English Bilingual Edition)/ Shelley Admont
ISBN: 978-1-5259-0148-5 paperback
ISBN: 978-1-5259-0149-2 hardcover
ISBN: 978-1-5259-0147-8 eBook

Please note that the Dutch and English versions of the story have been written to be as close as possible. However, in some cases they differ in order to accommodate nuances and fluidity of each language.

Voor degenen die ik het meeste liefheb -S.A.
For those I love the most-S.A.

Het was een zonnige zaterdagochtend in een bos ver weg. Drie konijnenbroertjes waren zojuist wakker geworden toen hun moeder de kamer binnenkwam.

It was a sunny Saturday morning in a faraway forest. Three bunny brothers had just woken up when their Mom entered the room.

"Goedemorgen, jongens," zei mama. "Ik hoorde al dat jullie wakker waren."

"Good morning, boys," Mom said. "I heard you moving around in here."

"Vandaag is het zaterdag. We kunnen zo lang slapen als we willen," zei de middelste broer met een glimlach.

"Today is Saturday, we can sleep as late as we want," said the middle brother with a smile.

"Jullie kunnen nog een poosje in bed blijven," zei mama, "maar ik moet gaan. Ik moet vandaag op bezoek bij jullie oma en jullie blijven bij papa totdat ik terug ben."

"You can stay in your beds for a while," Mom said, "but I'll have to leave. I need to visit your Granny today. You'll stay with Daddy until I come back."

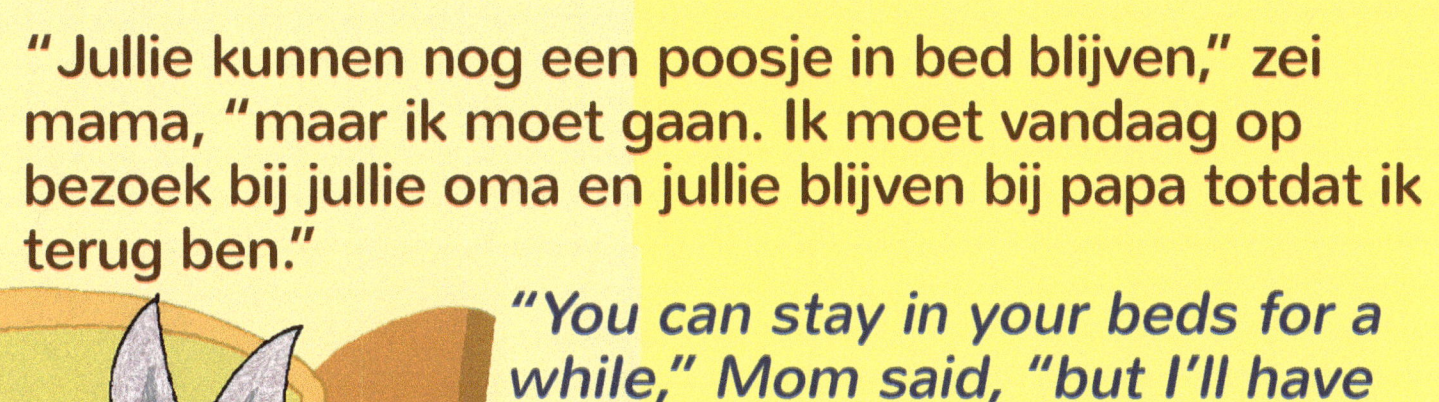

"Als jullie opstaan en je tanden poetsen, krijgen jullie ontbijt," vervolgde mama. "Daarna kunnen jullie boeken lezen of met jullie speelgoed spelen. Of jullie kunnen naar buiten gaan om te fietsen."

"When you get out of your beds and brush your teeth, you'll have your breakfast," Mom added. "After that, you can read books or play with your toys. Or, you can go outside and ride your bicycles."

"Hoera!" De konijnenbroertjes begonnen blij op hun bedden te springen.

"Hooray!" The bunny brothers started to jump on their beds happily.

"Maar …," ging mama verder, "jullie zijn zelf verantwoordelijk voor het opruimen van je kamer."

"But…" said Mom, "you are responsible for cleaning your room."

"Natuurlijk, mama," antwoordde de oudste broer trots. "We zijn groot genoeg om daarvoor te zorgen."

"Sure, Mom," answered the oldest brother proudly. "We are big enough and we can be responsible."

Nadat ze hun tanden hadden gepoetst, bracht papa hun een heerlijk ontbijt en een nog heerlijker toetje. Toen kon de pret beginnen!

After they brushed their teeth, Dad served a delicious breakfast and an even more delicious dessert. Then the fun began!

De konijntjes begonnen met het maken van hun puzzel. Daarna stapelden ze hun houten blokken. Vervolgens zetten ze de trein aan en speelden samen met het treinspoor.

The bunnies started by putting together their puzzle. Then they continued with their wooden building blocks. Next they turned on the train set and played together with the tracks.

"Deze spoortrein is mijn lievelingsspeelgoed," zei Jimmy, de jongste broer, terwijl hij de schakelaar aanzette.

"This railway train is my favorite," said Jimmy, the youngest brother, as he flipped the on switch.

"Dit is het mooiste cadeau dat ik op mijn vorige verjaardag heb gekregen."

"This is the best present I've got on my last birthday."

Nadat ze urenlang binnen hadden gespeeld, raakten de konijntjes verveeld.

After playing inside for hours, the bunnies grew bored.

"Laten we buiten spelen!" zei de middelste broer, terwijl hij door het raam naar buiten keek.

"Let's go play outside!" said the middle brother, looking out the window.

"Ja! Maar we moeten eerst opruimen," zei de oudere broer.

"Yeah! But we need to clean up here first," said the oldest brother.

"O, we hebben genoeg tijd voordat mama terugkomt," antwoordde Jimmy. "We kunnen later wel opruimen." De oudere broertjes waren het met Jimmy eens en alle drie gingen ze naar buiten.

"Oh, we have enough time before Mom comes back," answered Jimmy, "we can clean up later." The older brothers agreed and they all went out.

Buiten genoten de drie konijnenbroertjes van het zonnige weer. Ze reden rond op hun fietsen en speelden verstoppertje. Uiteindelijk besloten ze te gaan basketballen.

Outside, the three bunny brothers enjoyed the sunny weather. They rode their bicycles and played hide and seek. Finally, they decided to play basketball.

"We hebben onze basketbal nodig," zei de oudste broer. "Maar ik herinner me niet meer waar we die gelaten hebben."

"We'll need our basketball," said the oldest brother. "But I don't remember where we put it."

"Ik denk dat hij onder mijn bed ligt," zei Jimmy. "Ik zal wel gaan kijken." En hij rende naar binnen in de hoop dat hij de bal zou vinden.

"I think it's under my bed," said Jimmy. "I'll go check." With that, he ran inside the house, hoping to find the ball.

Toen hij de deur van hun kamer opende, was hij erg verbaasd. De vloer lag vol met puzzelstukjes, blokken, speelgoedautootjes, treinsporen en ander speelgoed.

When he opened the door to their room, he was very surprised. The floor was covered with puzzle pieces, building blocks, cars, tracks, and other toys.

Er ligt teveel rommel op de vloer, dacht Jimmy, toen hij bij zijn bed probeerde te komen.

There are too many things thrown on the floor, thought Jimmy, making his way toward his bed.

Uiteindelijk struikelde hij en verloor zijn evenwicht. Hij probeerde overeind te blijven, maar in plaats daarvan viel hij precies op zijn favoriete speelgoedtrein.

Eventually, he stumbled and lost his balance. He was trying to stay upright, but instead fell directly on his favorite train.

"Au!" schreeuwde hij, terwijl hij toekeek hoe de treinwielen alle kanten opvlogen. "Neeeeee, mijn trein!" Jimmy barstte in tranen uit.
"Ouch!" he screamed, watching the train's wheels flying in different directions. "Noooo, my train!" Jimmy burst into tears.

"Gaat het goed met je, lieverd?" Papa verscheen in de deuropening. Hij kon niet naar binnen komen, omdat het zo'n rommel was.
"Are you alright, honey?" Dad appeared at the door. He couldn't fit inside the room due to all the mess.

"Het gaat goed met mij. Maar mijn trein ...," huilde Jimmy, terwijl hij naar de kapotte treinwielen wees.
"I'm fine. But my train..." cried Jimmy, pointing to the train's broken wheels.

"Ik kan de trein niet eens zien," zei papa. "En wat is er precies in deze kamer gebeurd?"
"I can't even see the train," said Dad. "And what exactly happened in this room?"

"Jimmy, waarom duurt het zo lang?" Het waren de stemmen van de andere broertjes die naar binnen renden.
"Jimmy, why's it taking you so long?" The other brothers shouted as they ran into the house.

"Mijn trein is kapot!" Jimmy hield niet op met huilen.
"My train broke!" Jimmy couldn't stop crying.

"Huil maar niet, Jimmy," zei de oudste broer. "We bedenken wel wat. Papa?"
"Don't cry, Jimmy," said the oldest brother. "We'll think of something. Dad?"

"Misschien kan ik het maken," zei papa. "Maar jullie moeten hier opruimen. Breng me de trein en de wielen als je ze hebt gevonden." Daarmee liep papa de kamer uit.
"Maybe I could fix it," said Dad. "But you need to clean up in here. Bring me the train and the wheels after you find them". With that, Dad went out of the room.

"We moeten opschieten, voordat mama terugkomt," zei de oudste broer.
"We need to hurry, before Mom comes back," said the oldest brother.

"O, opruimen is saai," zuchtte Jimmy, terwijl hij de rommelige kamer rondkeek.
"Oh, cleaning up is boring," said Jimmy sighing and looking around the messy room.

"Laten we dan een opruimspelletje spelen," riep zijn oudere broer.
"Let's play a cleaning-up game then," exclaimed his oldest brother.

Jimmy werd enthousiast. "Er is storm op komst!" schreeuwde hij. "We moeten al het speelgoed helpen om terug te komen in hun huizen."
Jimmy became excited. "The storm is coming soon!" he shouted. "We need to help all the toys get back to their houses."

"We zijn superhelden," gilde de middelste broer. Hij pakte het speelgoed van de vloer en legde alles stuk voor stuk op de juiste plaats.

"We're superheroes," yelled the middle brother. He picked up toys from the floor and put each one in its proper place.

Terwijl ze speelden en genoten, ruimden de broertjes alles op.
Playing and enjoying themselves, the brothers organized and cleaned everything.

"Alle wielen liggen hier," riep Jimmy, terwijl hij naar zijn vader rende met de kapotte trein en wielen in zijn hand.
"All wheels are here," exclaimed Jimmy, running to his father with the broken train in his hands.

"Hier, ik heb de basketbal gevonden!" schreeuwde de middelste broer enthousiast.
"Here, I found the basketball!" screamed the middle brother with excitement.

"Stop het in de doos en ... we zijn klaar," zei de oudste broer blij.
"Put it in its box and...we are finished," said the oldest brother happily.

"Het was echt leuk," zei de middelste broer, die op bed zat. "Maar het kostte ons een heel uur."
"It was really fun," said the middle brother, sitting down on his bed, "but it took us a whole hour."

"Nee!" schreeuwde Jimmy, toen hij de kamer binnenkwam. "Je kunt daar niet zitten!"
"No!" yelled Jimmy as he entered the room. "Don't sit there!"

"Wat? Waarom niet?!" vroeg de middelste broer, terwijl hij van het bed sprong.
"What? Why?!" asked the middle brother, jumping off the bed.

"Je hebt je bed net opgemaakt. Als je er nu op gaat zitten, moet je het daarna weer opmaken," legde Jimmy uit.
"You just made your bed. If you sit on it now, you'd have to make it again," explained Jimmy.

"Misschien kunnen we nu een boek lezen," stelde de oudere broer voor, terwijl hij naar de boekenplank liep.
"Maybe we could read a book now," suggested the oldest brother, approaching the bookshelf.

"Blijf van die boeken af," schreeuwde Jimmy. "Ik heb ze op kleur gesorteerd!"
"Don't touch those books," shouted Jimmy. "I organized them all by color!"

"Sorry," zei de oudste broer. "Maar wat moeten we dan doen? We kunnen nergens mee spelen."

"Sorry," said the oldest brother. "But what will we do? We can't play with anything."

Ze dachten even na en toen riep de oudste broer: "Ik heb een idee!"
They thought for a while and then the oldest brother shouted: "I have an idea!"

"Wat als we na ieder spel opruimen?" stelde hij voor. "Dan kost het ons niet zo veel tijd om al het speelgoed op te ruimen."
"What if we clean up after each game?" he suggested. "Then it won't take so much time to put toys away."

"Laten we dat proberen," zei Jimmy blij.
"Let's try," said Jimmy happily.

Eerst las de oudste broer een prachtig boek voor aan zijn jongere broertjes. Toen ze klaar waren met lezen, zette hij het terug op de plank.
First, the oldest brother read a beautiful book with pop-up pictures to his younger brothers. When they finished reading, he put it back on the shelf.

Daarna bouwden ze een enorme toren met hun gekleurde blokken. Toen ze klaar waren met bouwen, stopten ze alle blokken terug in de doos – en de kamer bleef opgeruimd!

Next, they built a large tower out of their colorful blocks. When they were done, they put the blocks back into the box — and the room stayed clean!

Op dat moment klopten mama en papa op de deur.
At that moment, Mom and Dad knocked on the door.

"Ik heb jullie zo gemist," zei mama, "maar ik zie dat jullie de kamer opgeruimd hebben gehouden. Ik ben zo trots op jullie."
"I missed you so much," said Mom, "but I see you managed to keep your room clean. I'm so proud of you."

"En hier is je trein, Jimmy," zei papa, terwijl hij het speelgoed aan hem gaf. De wielen waren gemaakt en Jimmy glimlachte van oor tot oor.
"And here's your train, Jimmy," said Dad, handing him the toy. The wheels were fixed and Jimmy smiled widely.

"Wie wil de koekjes proberen die oma voor jullie gebakken heeft?" vroeg mama.
"Who wants to try cookies that Granny made for you?" asked Mom.

"Ik!" schreeuwden de konijnenbroertjes en hun vader.
"Me!" shouted the bunny brothers and their Dad.

"Maar die eten we in de keuken op, niet in deze schone kamer," zei Jimmy heel serieus "Toch, mama?"
"But we'll eat them in the kitchen, not in this clean room," said Jimmy very seriously. "Right, Mom?"

De hele familie begon hard te lachen. Ze gingen naar de keuken om de koekjes te eten.
The whole family started laughing loudly and went to the kitchen to eat cookies.

Vanaf die dag hielden de broertjes ervan hun kamer schoon en opgeruimd te houden. Ze speelden met al hun speelgoed, maar als ze klaar waren, legden ze alles weer terug op zijn plek.
Since that day, the brothers loved to keep their room clean and organized. They played with all their toys, but when they finished, they put everything back in its place.

Het kostte hun nooit veel tijd om hun kamer weer op te ruimen.
It never took them long to clean up their room again.

www.ingramcontent.com/pod-product-compliance
Lightning Source LLC
Chambersburg PA
CBHW061138070526
44584CB00033B/4352